보이지 않는 것들의 공격
문학을 통한 정서치료 Workbook

# 나는 안녕한걸까?

셀프테라피 시대에 셀프진료와 처방

**정재순**

(정별) 문예창작학과를 졸업했고 대학원에서 문학치료 연구를 하고 졸업했다. 현재 〈행복한 이야기 문학치료 연구소〉 소장으로 문학치료에 전념하고 있다.
저서 「마음을 읽어주는 별」(시로 읽는 내마음 시치료 Workbook)
「내 가슴에 못 빼기」(감정치료 Workbook)
수석연구원 : 최봉호, 최성지

_____님의


안녕을 기원하며


_____드립니다.


년    월    일

| 시작하는 글 |

## '안녕하세요?'

이 말은 서로 가볍게 나누는 인사말이다. 하지만 오늘을 살아가는 우리는 걱정과 근심의 교환으로 무거운 마음으로 상대의 안위를 진심으로 걱정하는 불안한 인사말로 변화해가는 시대에 살게 되었다. 어제까지는 타인의 안위(安危)를 염려했다면, 오늘은 나의 안녕을 확인해 보자.

## '나는 안녕한가?'

현대인들은 복합적이고 다양하며 변화무쌍한 시대에 살아가고 있다. 이 소용돌이 속에 중심을 잃지 않고 살아가려면 나의 흔들리지 않는 정체성과 좌표(座標)를 확인해야 한다. 자신의 삶을 자신이 운영할 수 있어야 하기 때문이다. 이 순간 우리는 개개인의 정서 건강을 위해 심리발달과 정서적 성장을 살펴 인간 본연의 모습인 자신의 정체성을 잊고 있지는 않은지 꼭 확인해봐야 할 중요한 과제이다.

오늘을 사는 우리에게 이 과제의 해결을 위해 자기 성찰로 성장하여 통찰능력 향상을 통해 서로에게 진정한 행복에 도달하는 방향인지 진심으로 자문(自問)해야 한다. 또하나 우리 모두 현명한 자문과 건강한 정서 성장을 위해 개인과 사회를 점검할 필요가 있다. 경직된 사회는 개인과 사회정서를 마비시켜 성장하지 못한다. 이런 불행을 막기 위해 사회정서의 확인과 개인의 성장과 성찰을 위한 자문을 해본다.

'이긴 것은 모두 정의(正義)일까?'

'비교로 참(眞理)을 얻을 수 있는가?'

'우리는 왜, 무엇을 위해 누구를 위해 경쟁하는 걸까?'

자문은 비교와 경쟁 속에서 만들어진 불안과 억압 자신의 정서적 상처를 치유하는 유일한 처방이기도 하고, 자문을 통한 정서적 지지는 긍정적 공감에서 시작되어 정서적 지지를 갖는 감정을 정상화하는 작업이기도 하다. 여기에 집중해야 하는 이유는 정서적 지지와 공감과 배려 긍정어만이 안정적인 사회적 인간관계를 지속시킨다는 것이다. 부정적 정서로 교감되지 않는 부정어 사용이 계속된다면, 그 누구도 신뢰를 갖는 인간관계를 유지하기 어렵다. 신뢰를 기반으로 한 안정적 관계의 지속을 위해 개인의 정서 언어의 성장으로 긍정어가 일상어가 되어야 정서적 지지가 되고 사회적 신뢰가 쌓이기 때문이다. 부정적 정서에서 만들어내는 부정어는 인간관계에서 상대의 자존감에 상처를 주고 서로 신뢰감을 잃어 자신의 열등감 상승을 부축이고 왜곡하여 자신과 타인을 삶을 피폐하게 하는 정서적 폭력으로, 자신도 모르게 상대에게 정서와 언어폭력과 일상화된 부정어로 스스로 자신의 인격 파괴를 자초(自招)하여 인간관계에 고립되기도 한다. 그렇게 멈춘 정서는 성장하지 못하고 사회적 관계에서도 어려움을 겪는다. 다행이 인간의 정서는 발달하고 성장하기에 치료가 가능하다. 치료를 통한 인간의 정체성을 찾는 작업이기도 하다.

신인류인 '호모사피엔스'는 라틴어로 '지혜가 있는 사람'이라는 뜻을 가진 지혜로운 인격을 가진 생명체'이다. 자손을 위해 고통을 스스로 감내하며 타인의 고통과 슬픔을 공감하고 배려하며 스스로 생각하고 언어로 소통하며 신뢰로 책임과 인내로 조절하여 습득하며 배우고 자연을 통해 아름다움과 우아함을 추구하며 완성도를 높여가는 성장하는 고귀한 인격체이다.

완성도가 높은 인격을 가질수록 고귀함을 스스로 추구하고 존경을 받는 사회적 관계를 실현하려고 노력하는 정서적 성장을 추구한다. 정서적 성장은 개인의 노력으로 가능하고 그것이 신이 우리에게 준 가장 큰 선물이 아닌가 한다. 만약 성장을 멈추고 있다면 방향과 방법을 아직 찾지 못했을 뿐이다. 그래서 나쁜 인간이란 처음부터 존재하지 않는 것이라는 것을 우리는 빨리 인지해야 한다. 인간의 부정적인 모습은 현상을 통해 현실을 직시하여 방향이 바르지 못함을 인식하게 하는 알림이다. 왜냐하면 인간은 인격을 가지기 때문이다.

인간으로서 정체성을 찾는 것은 인격을 찾는 신호이고, 인격을 잃어버린 사람은 길을 잃은 사람으로 보아야 하지 비난과 공격을 한다면 또 다른 나쁜 인격을 만드는 지름길일 뿐 해결책은 아니다. 모두 잊지 말아야 할 것은 방향을 바꾸는 일은 혼자서 감당하기는 많은 어려움이 있고, 인간은 생존의 기간이 유한하고 한시적이기에 스스로 성찰을 통해 자신의 정서를 점검하는 자의적 진료가 필요하다. 비교와 경쟁으로 병들어가는 사회에서 얼어붙은 정서를 녹일 수 있는 방법을 스스로 찾아야 하기 때문이기도 하고, 누구도 대신 해결할 수 없는 개인의 삶의 과정이기도 하다. 그래서 그 무엇도, 그 누구도, 어떤 집단의 영향을 받지 않는 오직 나의 선택으로 만들 수 있는 진료 방법과

치료가 절실하다. 그것이 나의 안녕의 정서를 점검하는 하나의 방법이고, 사회적 관계에서 상호작용으로 일어나는 공감과 소통이고 자신이 자신에게 할 수 있는 최고의 정서적 지지이기도 하다. 하지만 스스로 찾아 해결하기는 어렵다는 것을 행복한 이야기 문학치료연구소에 오는 내담자들을 통해 알게 되었다. 그래서 '나는 안녕한가?'를 발판으로 정서치료의 방향을 제시해 본다.

정서치료의 목표는 첫 번째 인간의 정체성을 찾는데 두고 있다. 두 번째는 급격하게 변하는 다양한 사회에서 현실 이해의 과정을 작품을 통해 정서적 지지를 얻는 것이고, 다음으로 긍정적 언어 사용과 배려와 공감을 통해 인격을 실현하여 행동으로 나타나 안정된 정서와 사회성 향상이 확장된 공감어로 표현하는데 두었다. 공감어를 통한 소통은 개인의 자존감 상승과 긍정적 상호작용을 통한 사회성 향상으로 인간관계의 시작이며 끝으로 관계의 성장이며 정서적 지지이기도 하다. 정서적 지지 없는 비교와 경쟁으로 병들어가는 사회에 인간관계의 온전함을 기대할 수 없고 대안 없는 정서적 지지와 행복을 말하기엔 너무 가혹하다. 불안한 사회는 경직되어 안녕한 개인의 없이 사회의 성장을 말하기 어렵고 정서적 지지와 신뢰를 잃어버린 사회에서 개인의 희망을 기대하기란 정말 어렵다. 그래서 여기에 멈추어 안녕하지 못한 개인이 많은 사회는 과연 온전한가 또 미래를 희망적으로 바꿀 수 있는가에 대한 의문을 하게 된다. 이 의문에 방향을 '나는 안녕한가?'를 통해 찾고 직접적으로 확인함으로써 적극적이고 강하게 해결하려 한다.

# 현대인

정재순

그는
오늘도
왼쪽 발에는 운동화
오른쪽 발에는 구두
아침에 일어난 일이라며 30년 전에 이야기를 애창곡처럼 중얼 거린다
그가
두 손을 가지런히 가슴 앞에 모아 잡고
밤새 잠들지 못한 붉은 두 눈동자로 부탁한다
'왼쪽 발에는 운동화
오른쪽 발에는 구두
아침에 일어난 일이라며 30년 전에 이야기를 애창곡처럼 중얼거리고' 다니는 자신의 친구를 찾아 달라고, 눈동자에 핏발이 서고 손수건 한 장을 다 적시는 눈물을 흘리며 간곡하게 애원한다. 자신의 친구가 언제부터인지 보이지 안는다한다 친구와 함께하기로 서로의 손에 약지를 걸고 엄지로 지문을 찍기를 했다고 한다.
그는 오늘도 친구 찾기 이야기에 기력을 다하다 가지고 온 가방을 두고, 양 손을 힘주어 불끈 쥐고 황망히 친구를 찾아 사무실을 나선다.

시인, 한국문인협회 회원, 부산시인협회 이사

| 목 차 |

## 1 바람을 보다 · 12

숨어있는 정서
어디에 멈추었을까?

*Secret key*

멈추고 서성이다
찾지 못하면 공격한다

## 2 바람이 멈춘다 · 62

숨어서 괴롭히는 방어기제
어떻게 숨었을까?

*Secret key*

상처받은 언어
나를 망치고 상대를 떠나게 하는 소통

## 3 바람을 보낸다 · 98

작품
찾으면 떠난다

*Secret key*

승화
신의 선물!

# 1
## 바람을 보다

# 숨어있는 정서

## 정서?

- 사람의 마음에 일어나는 여러 가지 감정, 또는 감정을 불러일으키는 기분이나 분위기
- 희로애락과 같이 일시적으로 급격히 일어나는 감정, 진행 중인 사고 과정이 멎게 되거나 신체 변화가 뒤따르는 강렬한 감정 상태이다.

- 국어사전

## 정서?

미국에서 발달한 심리학인 행동주의(behavior-ism)에서는 정동(情動)이라고 부르고 있다. 외부로부터의 자극이 주체에게 신체적 표출을 수반하는 감정으로 나타나는 것. 기본적 감정으로 쾌(快). 불쾌(不快)이외의 분노, 공포, 슬픔, 연민 등의 감정을 가리킨다.

- 철학사전

## 정서?

인지, 동기와 함께 마음의 3요소로 불린다.
흔히 정서란, 의식된 감정적 체험을 지칭하지만,
감정의 의식적 체험에는 신체적 흥분과 동기화된 행동이
수반되므로 정서를 정서체험과 신체적 흥분과
동기화된 행동의 세가지 요소로
정리하기도 한다.

- 산업안전대사전

어디에
멈추었을까?

문학 작품 속 등장인물을 통해 자신의 내면의 자아(自我)를 보게 된다. 작품을 다양한 방법으로 다루며 멈추고 있는 내면 정서를 확인하여 정화시키는 과정을 통해 성찰과 통찰이 일어나 자연스럽게 자아는 성장하게 된다. 작품은 멈춘 자아를 간접 경험하게 하므로 배려와 공감의 정서를 만드는 인지(認知)를 객관화할 수 있는 가장 적합한 매체로서 멈춘 자아에서 나오는 정서장애를 치유하는 예방의학에 미치는 영향은 가히 상상하기에 어려울 정도의 비중을 갖고 있다. 예술작품은 인간을 가장 잘 이해할 수 있는 매체이고 인간성 회복과 소통에 가장 적합하기도 하다. 당연히 작품을 다루는 힘은 안정적 정서에서만 가능하다. 그래서 작품을 통한 간접경험은 원인과 과정 결과를 관찰자 입장에 세울 수 있어 정서 치료의 와 예방은 작품 속 사건과 상황 등장인물이 거울이 되어 개인의 자아 성장을 돕는데 가장 적합하다. 작품을 관찰자 역할로 유도하면 작품을 통해 억압된 내면을 기술인 비유를 통해 표면화된 문체를 습득하면 경직된 숨은 자아를 찾아 성장의 길로 가게 된다.

# 곰돌이의 여행

최봉호

깊은 숲속,
여러 동물들이 평화롭게 지내고 있습니다.
여느 날과 다름없던 숲속에 아주 특별한 일이 생겼습니다.
바로 곰 가족에게 아기곰이 태어난 일이었죠
아주 건강하고 귀여운 아기곰의 탄생을 많은 동물들이 축하해 주었습니다.

아기곰은 무럭무럭 자라며
친구들도 사귀고 숲속을 탐험하며 늠름하게 자라갔습니다.
어느덧, 아기곰이 자라 청소년 곰돌이가 되었습니다.
곰돌이는 여느 날과 다름 없이 숲속을 거닐었습니다.
그날따라 유난히 더웠던 곰돌이는 근처 냇가에 목욕을 하러 가기로 결정합니다.

그리고 도착한 냇가에는
반짝반짝 빛이나는 흰 토끼가 물을 마시고 있었습니다.
곰돌이는 처음보는 토끼의 아름다움에 반해 사랑에 빠졌습니다.


곰돌이는 토끼에게 잘보이기 위해
자신이 가장 좋아하는 물고기를 선물하기로 했습니다.
토끼가 기뻐해주길 바라며 한마리도 먹지않고 열심히 사냥을 했습니다.
자신이 가장 좋아하고 친구들과도 나누어 먹어본 적 없는 물고기였지만
토끼에게 주는 것이 하나도 아깝지 않았습니다.

하지만 토끼는 물고기를 먹을 수 없었습니다.
토끼는 숲속에 자라나는 풀들만 먹기 때문에 물고기를 먹을 수 없었습니다.
이 사실을 몰랐던 곰돌이는 자신의 실수를 자책하며
어떻게 하면 토끼의 마음을 얻을 수 있는지 고민을 합니다.

한참을 고민하던 곰돌이는 항상 토끼가 다니던 곳을 지나며,
토끼가 먹는 것들을 같이 먹고 토끼처럼 깡총깡총 뛰어다니며
토끼에게 잘보이기 위해 노력했습니다.

그 모습이 우스웠던 것인지 토끼는 곰돌이를 향해 웃어주었고 둘은 금새 친해졌습니다.

토끼와 함께할 때에는 맛없는 풀을 먹고,
가볍게 뛸 수 없었던 곰돌이는 항상 배고프고
팔, 다리가 아팠지만

토끼와 함께할 수 있다는 사실만으로도 너무 행복했습니다.

그렇게 그 둘은 둘도 없는 친구가 되었고,
토끼를 향한 곰의 마음은 점점 자라나
이제는 토끼가 보이지 않으면 잠도 못자고 밥도 못먹을 정도로
사랑하게 되었습니다.

어느날,

토끼는 곰돌이에게 자신이 다른 토끼와 결혼을 하게 되었다며

이제 곰돌이와 더이상 만날 수 없다고 이야기합니다.

하늘이 무너지는듯한 고통과 아픔에 곰돌이는

하염없이 슬퍼하고 엉엉 울었습니다.

더이상 토끼를 만날 수 없었던 곰은 한참을 스스로가 곰인 것을 원망하며,
토끼가 없는 숲에서 살 수 없다고 생각하여 숲 너머의 세상을 보기 위해
여행을 떠납니다.

며칠을 걸었는지도 잘 모를 때즈음,
곰돌이는 다시 고기도 먹고 물고기도 먹으며
서서히 자기가 곰이라는 사실을 받아들이고 있었습니다.

그렇게 한참을 가서 숲 끝자락에서 넓은 들판이 펼쳐진 곳에 도착하게 되었습니다.

 그곳은 너무나도 넓었습니다.
 빼곡했던 나무들 대신 커다란 나무 한그루, 처음보는 동물들과 넓고 푸른 하늘이 펼쳐져 있었습니다.

 너무나도 겁이났지만 곰돌이는 새로운 환경에 설렘과 두근거림을 느꼈습니다.

새로운 풍경에 조금씩 적응해 나가며 지내던 곰돌이는

어느날 문득,
저 높은 곳에서 긴 날개를 활짝 펼치고 하늘을 날고 있는 독수리를 보았습니다.

그 독수리는 아주 높은 곳에서부터 사냥을 하고 있는 중이었고,

높이서부터 떨어지듯 내려와 사냥감을 낚아채고 다시 날아오르는 독수리를 보면서 곰돌이는 다시 한 번 심장 떨림을 느끼게 되었습니다.

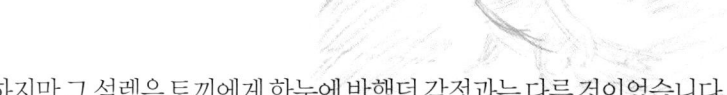

하지만 그 설렘은 토끼에게 한눈에 반했던 감정과는 다른 것이었습니다.

나도 저 독수리처럼 멀리 바라보며 높은 곳에서 사냥하고 하늘을 날고싶다는 마음이 점점 강해졌습니다.

그렇게 곰돌이는 저 멀리서 날아다니는 독수리를 만나기 위해 한참을 따라갔습니다.

독수리는 곰돌이에게 다가와 왜자기를 따라오는지에 대해 물어보았고

곰돌이는 독수리의 모습이 너무나도 멋있어서 자기에게도 멀리 볼수있는 법과 사냥하는 법, 하늘을 나는 법을 가르쳐 달라고 조르기 시작했습니다.

독수리는 평소 숲속 곰들이 물고기 사냥의 명수라는 것을 알고있었고 물고기를 사냥해주면 알려주겠노라 약속하였습니다.

그날부터 곰돌이는 매일 아침 독수리에게 물고기를 잡아주며 항상 함께 다녔고, 조금씩 멀리 바라보고 독수리처럼 사는 법을 배우기 위해 열심히 노력했습니다.

그렇게 몇년을 열심히 노력했지만,

곰돌이는 독수리처럼 날 수 없고 빠른 동물들을 사냥할 수 없다는 사실에 점점 불만이 쌓여갔습니다.

아무리 달리고 높이 뛰어보아도 더욱 빨리 달릴수도 날 수도 없었던 곰돌이는

높은 곳에서 뛰어내려 보기 위해 들판에서 가장 높은 나무에게 다가갑니다.

곰돌이는 무서움을 꾹 참고 나무 꼭대기까지 올라갔습니다.


나무 꼭대기에서 바라보는 들판은
마치 독수리가 되어서 들판을
바라보게 하는 듯한 기분이 들게 해주었습니다.

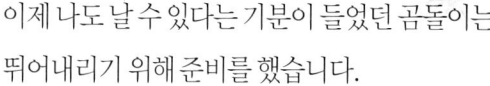

이제 나도 날 수 있다는 기분이 들었던 곰돌이는
뛰어내리기 위해 준비를 했습니다.

바로 그때, 곰돌이가 꽉 쥐고있던 나무가 곰돌이에게 말을 걸었습니다.

왜 죽으려고 하냐고, 너는 너무나도 멋있고 훌륭한 곰인데
왜 이렇게 높은 곳에서 뛰어내리려고 하냐고.

곰돌이는 나는 죽으려는 것이 아니며 독수리처럼 높게 날기 위해
여기까지 올라왔다고 대답하였습니다.

곰돌이의 대답을 이해할 수는 없었지만
나무는 곰돌이에게 너는 이미 훌륭한 곰인데
왜 너보다 작고 힘없는 독수리가 되려고 하냐고 물었습니다.

그 말에 한번도 자기 자신을 훌륭하다고 생각한 적 없던 곰돌이가 놀라
물었습니다.

귀여운 하얀 토끼가 반짝반짝 빛나는 것과
멋진 독수리가 하늘을 나는 것이 훌륭한 것이지
왜 내가 훌륭하냐고.

그러자 나무가 말하길,
너는 내가 보았던 그 어떤 곰보다 덩치가 크지만
날렵하게 이 높은 곳까지 올라왔으며 그 어떤 곰보다 날카로운 눈매를 가졌다고 말해주었습니다.

곰돌이는 이 말을 듣고 깜짝 놀랐고
왜 처음 보고 멋져보이는 것이 아닌 자기 자신에게
사랑과 관심을 줄 수 없었는지에 대해 생각하게 되었습니다.

곰은 더이상 그곳에서 뛰어내릴 이유가 없어졌습니다.

나무에게 고맙다는 인사를 건넨 후 곰돌이는 한번도 느끼지 못했던 개운함을 느꼈습니다.

곰돌이는 그 어떤 곰과도 다르게 **토끼처럼 살아보려 노력했고 독수리처럼 살기위해** 애썼습니다.

그렇기때문에 이미 훌륭한 곰으로 성장했음에도 그것을 보지 못했던 것이었습니다.

자신이 훌륭하다는 것을 깨닫고 나니 앞으로 얼마나 더 훌륭해질 것인지 궁금해졌습니다.

그렇게 나무에서 내려온 곰은

숲을 건너 들판에 온것처럼 다시 한번 들판을 건너 새로운 곳으로 떠났습니다.

이번에는 이별에 슬픔과 닿을 수 없는 것에 대한 동경이 아닌

나 자신을 사랑하며 더욱더 훌륭하게 할 수 있는 방법을 찾아서.

곰돌이는 어디쯤 가고 있을까요?
(상상해서 곰돌이의 여행을 이어서 써봅니다.)

# Secret key

멈추고 서성이다

찾지 못하면 공격한다.

인간은 일생을 통해 성장하고 성장해야 한다. 이것이 인간의 행복과 연결되고 사회성에 지대한 영향을 주는 환경을 만들기 때문이다. 다양한 분야의 많은 학자들이 인간의 발달 과정 연구를 통해 성장의 단계를 구분하고, 그 단계에 일어나는 정서 심리 사회적 행동의 특징을 기술하고 있다. 그들의 일생을 바친 노력에 감사하며 이루어 놓은 학문을 바탕으로 멈추어져 있는 개개인의 어린 자아 찾아 성장의 길로 출발해 보려 한다. 그들이 연구한 학문에 보답은 학문을 바탕으로 우리 모두 성장하는 것이고, 나아가 사회 국가 세계의 모든 사람들이 좋은 영향을 받는다면 이것이 그들에 연구에 대한 진정한 감사가 아닐까 한다.

> 태어나면서 부터 1년 6개월 사이에 양육자로부터 적절한 욕구 충족, 일관성 있는 보살핌은 그렇지 못한 경우 나타나는 기본적 신뢰감 대 불신감의 갈등이 만들어지고 기본적 신뢰감 대 불신감은 평생을 통해 연속되며 다음 발달 성격 발달에 영향을 준다고 심리사회적 발달이론에서 말하고 있다.

단어의 뜻을 사전에서 찾아 적어봅니다.

신뢰감




불신감

내가 생각하는 미래는 어떻게 진행될까요?

나의 미래

사회의미래

> 3세 전후로 대부분의 자기통제 행동을 배우고 실천하는데 가끔 실수를 하며 양육자의 간섭과 통제를 받기도 한다. 실행과 실수를 통해 과제를 해결함으로써 자기통제에 대한 기본적인 자신감을 갖게 되어 자율성이 형성된다. 그러나 양육자의 지나친 규제를 받거나 자주 실수하면 성격 중 기본적인 자신감의 발달과 가장 깊은 시기로 본다.

단어의 뜻을 사전에서 찾아 적어봅니다.

자신감




자존감

4세에서 5세 전후로 다양한 환경과 장소에서 많은 사람들과 접촉한다. 이때 스스로 활동을 계획하고, 달성하고자 하며 노력도 한다. 자기가 머무는 장소에서 스스로 세운 목표를 달성하고자 애쓰는 행동도 흔히 볼 수 있다. 놀이를 통해 경쟁도 하며 이기려 하는 하는 행동을 볼 수 있다. 자기주장이 나타나고 좌절을 경험하기도 한다. 이때 자기 주도적 행동이 적당한 비율로 성취하게 되면 주도성을 확립하지만, 그렇지 못하면 주도성에 대한 죄의식을 갖게 되며 리더쉽과도 연결이 된다.

단어의 뜻을 사전에서 찾아 적어봅니다.

주도성


리더십


통제

> 6세에서 11세 전후 자아 성장에 결정적인 시기로 인지 발달과 구체적 조작기로 정말 중요한 시기로 전반기 초등학교 시기이다. 학교에서 주는 많은 과제들을 수행하는데, 성공과 실패, 좌절 등을 겪게 된다. 주어지는 과제들을 수행하면서 성실과 근면성을 얻고, 만약 자기 과제완수에서 성취감을 얻지 못하면 열등감에 빠져들게 된다.

단어의 뜻을 사전에서 찾아 적어봅니다.

자아

성실성

근면성

유능감

열등감

수행 능력

12세~20세 전후 인지 기능이 발달하며 아동과 청소년은 자신을 객관적으로 볼 수 있는 능력이 생긴다. 자신이 보는 내 모습과 내가 원하는 나와, 실제로 드러나는 나를 통해 등 다양한 모습에서 주관적 일관성과 연속성을 보며 통합된 자아 개념이 만들어지는데, 이를 자아 정체성이라 한다. 자신의 모습이 일관성이 없는 것이면 정체성을 확립하지 못하고 혼란스러움을 겪는다.

사전을 찾아 적어봅니다.

일관성




연속성




정체성

책임

의무

권리

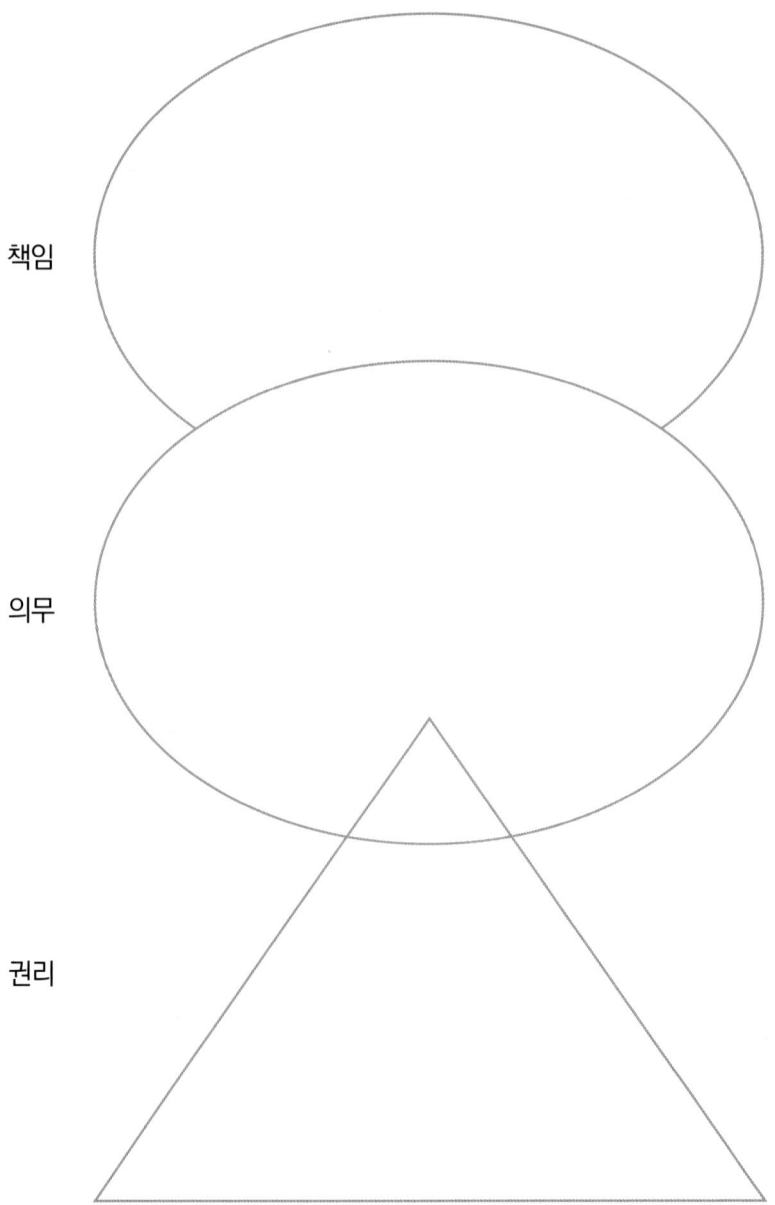

# 나는 누구일까?

---

이름

나이

성격

특성

역할

능력

> 20~40세 전후에는 양육자에게서 심리 정서적 경제적 독립을 위해 직업을 선택하고 배우자를 찾으면서 성숙한 성인으로 성장한다. 생산적인 일에 종사하며 우정 혹은 사랑의 형태로 성적 결합과 다른 사람과 친밀한 관계를 형성한다.

사전에서 찾아 적어봅니다.

우정

사랑

사람들과 친밀한 관계를 위해 내가 노력한 일을 적어봅니다.

1.


2.


3.



고립감을 피하기 위해 내가 개선한 점을 적어봅니다.

1.


2.


3.

> 25세~65세 전후는 다음 세대를 낳고 지도하는 일에 중요성을 부여하고 보람을 느끼며, 자신이 속하는 분야에서 직업적인 성취나 업적을 위해 노력한다.

**직업적 성취나 업적을 적어봅니다.**

침체하는 이유를 자세하게 적어봅니다. (경제적인 부분도 살펴봅니다)

> 65세 이후 노년기에는 신체적인 변화와 소속된 곳에서 은퇴, 친한 친구나 배우자의 죽음 등으로 인해 무력감에 빠지기 쉽다. 이 시기에는 그런 사건들이 일어남에도 자기 인생에 대한 긍정적 평가와 부정적 평가를 통합시키는 경험을 한다.

**배려받을 때 나의 감정을 적어봅니다.**

---

---

---

---

**배려할 때의 나의 감정을 적어봅니다.**

---

---

---

---

긍정적이거나 부정적 경험을 통해 지혜롭게 해결한 일들을 정리해봅니다.

나는 절망적인 일들을 어떻게 해결해 왔는지 적어봅니다.

나는 어디에서 정서 심리적 변화가 일어나고, 그곳에서 긍정적인 부분과 부정적인 부분의 원인과 과정, 결과를 나누어 정리해봅니다.

(         )p

원인

---

---

---

과정

---

---

---

결과

---

---

---

나의 삶에서 미친 영향을 정리합니다.




나는 어디쯤 머물고 있는지 살펴봅니다.




머물고 있는 원인을 찾아 봅니다.

기억나는 성장 소설을 찾아봅니다.

제목




등장인물 소개





기억에 남는 등장인물

기억에 남은 이유를 적어 봅니다.

기억에 남은 문장과 내용을 요약 정리해 서로 이야기해 봅니다.

정리한 내용과 현재 나의 관심사는 어떤 영향을 미쳤는지 정리해 봅니다.

나의 현재 생활과 관심사 사이에 관계를 정리해 봅니다.

나의 정서 성장 계획서를 만들어 봅니다.

내가 생각하는 연령대의 특징과 아름다움을 정리해 봅니다.

10대

20대

30대

40대

50대

60대

70대

80대

90대

100대

성장하지 못한

**어린 자아**로 살아간다면

누구에게

도움이 될까?

2

바람이 멈춘다

숨어서 괴롭히는

# 방어기제

어떻게 숨었을까?

어린 자아가 만들어낸 방어기제를 찾아야 한다. 인간은 발달 과정에서 성장하지 못한 자아가 갈등을 통제할 수 없을 때, 위협받는 상황에서, 무의식적으로 자신을 속이거나 상황을 다르게 해석하는 왜곡과 오류를 범하게 된다. 이렇게 만들어진 감정적 허상으로 불안하거나 붕괴위기에 처한 자아를 보호하기 위한 심리의식이나 행위, 수단으로 방어기제를 만들어 벽이 생기고 정서는 경직된다. 이 때 미성숙하거나 신경증적인 방어기제를 주로 동원하며, 다양한 증상으로 나타나거나 사회적 관계나 인간관계에서 심각한 갈등이나 충돌이 발생한다.

이런 구조에서 멈춰버린 인격은 자신의 사회적 관계에서 어려움을 겪게 됨으로 문학을 통해 경직된 정서를 풀고 순화시켜 성장시키는 것이 방어기제의 장애의 벽을 넘을 수 있는 유일한 방법이자 해법이기도 하다. 문학으로 성장 되어 정화된 인격는 안정적인 정서 심리로 확장되어 정서적 불편함을 다루는 예방 치료학이 될 수 있다.

인간의 본질은 인격을 유지하기 위해 어떻게든 평상심을 유지하려 애써 노력하며, 그 과정에서 방어기제도 하나의 방법으로 작동한다. 인간은 미성숙함과 완벽하지 못함을 인지하고 그것을 보안하려는 본능이 존재하기 때문이다.

우선 방어기제가 병리 현상만은 아니라는 사실을 이해해야 한다. 방어기제를 사용하지 않는 사람은 없으며, 누구나 매일 다양한 방어기제를 사용하면서 살아간다. 다만 건강하지 못한 방어기제를 주로 사용하는 경우, 무의식의 충동이 의식 표면으로 올라오는 것은 막을 수는 있겠지만 다양한 증상으로 변형되어 표현된다. 우리는 일상에서 방어기제 덕분에 불안이나 치밀어 오르는 화를 조금이나마 다른 방법으로 표출하며 지낸다. 사용하는 방어기제가 자신의 현재를 나타내기도 하고, 평소와 다른 방어기제가 나타나는 경우 그만큼 무의식의 차원에서 평상시의 방식으로는 감당하기 힘든 일이 있다는 표현이 될 수도 있다. 방어기제를 인지하고 상대의 성장 과정과 방어기제를 푸는 언어적 소통은 성장한 자신을 믿고 상대의 진심 보며 서로의 욕구를 조절하는 소통이다. 그러므로 방어기제를 잘 파악하고 행동을 예측하면 자신과 상대의 감정의 진실이 보여 성장에 과정에 맞는 조절로 소통에 도움이 된다.

### 고착 (Fixation)
지나치게 충족되거나 좌절이 감당하기 어려울 때, 새로운 것에 대한 두려움으로 발달이 멈추어 정신적 에너지가 병적 애착을 보이는 것으로 인간의 발달과정 중 특정한 어느 시기에 고착된 경우 그 고착 되어 있는 시기로 퇴행 되는 경향.

### 부정(Denial)
고통스러운 현실과 불안한 심리를 인식하지 않고 거부하는 현상으로 특정한 일이나 생각, 느낌을 있는 그대로 받아들이는 것이 고통스럽기 때문에 인정하지 않으려 하는 것.
감정을 표현하고 행동하는 방법으로 부정적 감정을 직접 표현하지 못하고 반대로 표현하는 현상.

### 합리화(Rationalization)
자신의 행동을 합리적인 것처럼 정당화시킴으로써 무의식의 인식하지 못하는 동기에서 나온 행동에 그럴듯한 이유를 내세우는 기제.

### 투사 (Protection)
상대에게 무의식적으로 그 원인을 전가함으로써 받아들일 수 없는 생각이나 욕망 등을 자신이 아닌 다른 사람이나 외부 환경적으로 돌리는 것.

### 억압(Repression)
의식하기 힘든 고통과 충격 등을 무의식 속으로 억눌러 버리는 심리적 현상으로 꿈이나 농담, 말실수 등으로 죄책감, 수치심, 자존심을 상하는 경우 일수록 억압의 방어기제를 사용하기 쉽다.

### 퇴행 (Regression)
현실에서 잠재적 외상이나 실패 가능성이 나타날 때 어린시절로 되돌아감으로써 불안을 감소하려는 방법이다.

### 격리 (Isolation)
객관적 현실에 자신의 고통스러운 사실은 기억하지만 감정은 억압되어 느껴지지 않는 이별이나 죽음을 쿨하게 받아들이는 것처럼 감정과 충동을 억누르기 위해 직접 생각만 하며 사실이나 행동과 감정을 분리하는 강박장애 환자가 보이는 증세.

### 보상 (Compensation)
실제적인 노력이든 상상이든 자신의 약점이나 결함을 메우려는 무의식적인 노력으로 어떤 심리적인 약점이 있는 사람은 이를 보충하기 위해 과도하게 발전시키 기도하며, 약점이나 결함을 보완하거나 극복하기 위해 취하는 무의식적인 심리적 기제이다. 보상받기 위한 다른 노력으로 열등감을 극복하는데 중요한 역할을 한다.

### 환치 (Displacement)
갈등을 풀기 위해 충동이나 목적은 같고 대상만 바꿈으로 자신의 감정을 대상에게 직접 표현하지 못하고 다른 대상에게 감정을 발산하는 경우 아이가 없을 경우 애완동을을 키우는 것 등

### 수동 공격적 행동(Passive-agressive behavior)
내면의 공격성을 직접적으로 표현하지 못하고, 오히려 수동적으로 복종하거나 피학적인 태도를 취하여 무의식적으로 표현하는 것이다. 원하지 않는 일을 해야할 때 하지 않겠다고 말하거나 강요하는 상대에게 직접 저항하기보다는, 겉으로는 복종하는 것 같아도 시키는 일을 제대로 하지 못하거나 실패하고 일을 드러나지 않게 미루거나 지연시킨다. 복종적인 듯 보여도, 사실은 공격성을 표현하는.

### 행동화 (Acting out)
사람은 마음의 충동이나 소망을 억제한다. 그 과정이 불편하고 힘들 수 있다. 그러면 사람은 억제하지 않고 바로 행동으로 표현하기도 한다. 화가 나면 참거나 말로 표현하지 않고, 자해를 하거나 상대를 폭행하기도 한다. 하지만 행동을 설명하지 못한다. 그것과 직접적으로 관련된 환상이나 충동에 얽힌 감정을 의식에서 인식하지 않기 위해 행동으로 옮겼기 때문이다. 주체가 과거의 사건을 현재 기억하지 못할 때 행동으로 반복적으로 표현하는 것.

### 차단 (Blocking)
서로 연결된 생각들 가운데서 앞선 것을 알지만 뒤를 잇는 생각이 억압을 당해 도저히 기억나지 않는 것을 말한다.

### 주지화 (Intellectualization)
위협적은 감정을 피하려고 위협조건에 관해 지적 분석을 함으로써 스트레스를 부정하는 방법으로서 정서나 충동을 느끼는 대신 통제하려는 현상.

### 저항 (Resistance)
현실에서 처리가 불가능할 때 무의식에 억압된 자료들이 의식으로 떠오르지 못하게 막는 것으로 신체적화 되기도 한다.

### 취소 (Undoing)
자신이 죄책감을 느끼는 일에 하고 나서 안한 것처럼 되돌리려고 하거나 죄의식을 완화라도 하듯이 상징적인 행동이나 생각을 하는 경우이다. 부정적인 행동을 덮으려고 좋은 행동을 이중적으로 하는 경우.

### 신체화 (Somatization)
건강검진상 나타나지는 않지만 이유 없이 몸이 아프다고 호소하곤 한다. 무의식의 갈등이나 욕망이 의식으로 올라오지 않고 신체증상으로 나타나며, 정서적으로 어려움을 겪을 때 흔히 신체화로 정서적 불편함을 호소함.

### 마취 (Narcotization)
자신이 감당하기 어려울때 단조로운 일을 반복하거나 생리적인 욕구(식욕, 수면욕 등)에 빠져 스스로를 무기력에 빠지는 방어기제. 조화롭고 평온한 자신의 모습을 지키기 위해 갈등을 모면하고자 나타나는 현상.

### 전환 (Conversion)
심리적 갈등이 신체 감각기관과 수의근계의 증상을 표출되는 것으로 심리적 갈등으로 그림을 그리는 화가가 팔이 마비가 오는 등 일시적으로 나타나 자신의 내면에 있는 갈등이 신체적으로 나타는 것.

### 분리 (Splitting)
전형적인 흑백논리로 '전적으로 좋은거'과 '전적으로 나쁜 것' 이라는 두 개의 상반된 것으로 분리하는 것

**환상 (Fantasy)**
성취는 대개 자아도취적이고 상상으로 성취를 경험함으로써 좌절된 욕망을 충족하는 것

**승화 (Sublimation)**
본능 충동이 직접적인 방법으로 발산하는 것을 방해받는 경우, 그 에너지가 본래의 목표에서 사회적, 문화적으로 가치가 높은 대상으로 전환 되는 것으로 예술 활동은 성적 충동의 승화.

내가 쓰는 방어기제들을 찾아 적어봅니다.

1.

2.

3.

4.

5.

6.

7.

8.

9.

가장 많이 쓰고 있는 방어기제를 적어 봅니다.
(방어기제가 나타난 사건이나 상황을 정리해봅니다.)

나의 **방어기제**는

나를 지킬까?

망치고 있는 걸까?

# Secret key

상처받은 언어

나를 망치고

상대를 떠나게 하는 소통

방어기제로 소통이 어려워진 어린 자아는 불안과 왜곡을 경험하게 되어 상처받은 자신의 내면을 언어로 표현하게 되고 부정적 환경 속에 상처받은 언어를 습득하기도 한다. 이렇게 노출되었던 언어 환경은 성인이 되어서도 정서 언어에 영향을 주는 것을 볼 수 있다. 환경과 언어적 경험은 긍정적이든 부정적이든 개인의 언어생활의 방향이 어느 정도 정해진다. 자신이 습득한 언어를 통해 자신의 감정 표현이나 타인의 바람을 인식하고 소통하며 공감하며 사회성을 갖게 되는데, 배려 또한 긍정적 정서 언어로 바른 소통으로 이차 교류의 산물이라 볼 수 있다. 억센 언어나 빈약하고 단순 반복되는 단어의 양과 부정적인 언어 환경에 노출되면 언어 사용의 혼란으로 정서 언어 성장을 막는 요인이 되기도 한다. 정서 언어를 막고 있는 상처 받은 언어와 방어기제를 작품을 통해 전환 시킬 수 있고 전환 시켜야 한다. 작품 속 활자화된 언어는 정서 언어를 통해 삶에 대한 본질은 깨닫고 협력하는 시대의 긍정적 연결 고리이며 정제된 감성이며, 또한 언어를 순화시키는 순기능이 있고, 정서적 자아 성장을 도울 수 있는 훌륭한 치료적 매체의 요소이기도 하다.

　작품을 통한 정화와 승화의 과정을 거친 개인의 정서가 언어에 미치는 영향은 거대하며 상대와 소통에서 정서적 지지에 미치는 비중은 발화(發話)되는 언어에 영향을 미친다.

　우리의 삶은 모든 것을 직접적 경험을 통할 수 없기에 작품을 통해 간접 경험을 삶에 활용함으로서 불안함과 억압된 내면을 언어를 순화시키는 과정이 필요하다. 순화된 내면의 정서는 긍정적 정서를 만들고 긍정적 정서는 멈춘 자아의 성장과 공감어의 모체가 되지만 멈춘 자아와 방어기제 속에 숨은 어린 자아가 만들어낸 상처받은 언어는 성장하지 않은 걸림돌로 재생산되어 불통의 언어로 나타난다.

　개인의 정서 언어는 노출되었던 환경적 언어로 출발 되어 현재 소통하는 언어에 영향을 받고 부정 정서의 언어습득은 자신도 모르게 자신의 언어에 영향을 미치고 불안하거나 위급할 때 갑자기 자신이 어릴 적 사용한 언어의 형식이 나오는 것을 보면 알 수 있다. 언어 사용능력은 한 사람의 인생이 바뀔 수도 있고 한 사회나 한 시대의 사회성과 문화에도 영향을 준다. 부정적(자기감정 중심의 언어) 언어가 심할 경우 소통 기능을 마비시키고 부정적 언어가 자신의 몸과 마음을 덮는다. 이런 상황이 지속 되면 자신도 모르게 상황에 맞지 않은 언어를 쓰게 되고 자신을 보호하기 위해 무의식적으로 자신을 속이거나 자신의 내면의 언어를 사용하여 방어기제의 영향을 받는 방어 언어가 생성되어 곤욕을 치루기도 한다. 이렇게 문제화된 발화 언어로부터 자신을 보호하려면 언어의 순화기능 통해 내면의 언어를 교정해야 한다. 교정하지 못하면 자신 내면의 진실한 감정을 읽는 순수한 언어를 알지 못해 타인과의 기본적인 정서적 소통에 왜곡되고 오해받는 일이 일어난다. 타인과의 관계나 개인의 사회적 관계에 나쁜 영향을 주기에 언어 수정은 꼭 필요하며 그 사람의 인격에도 영향을 준다.

　인간의 언어는 사회적 관계를 위한 자신 내면의 진실과 상대의 상황을 배려하는 환경에서 공감적 소통이어야 한다. 공감어를 알지 못하면 양육된 환경과 노출된 언어적 분위기와 언어적 경험이 그 사람의 일생 사용하는 언어에 영향을 주기에 공감적 소통이 어렵다. 긍정적이든 부정적이든 언어 경험에 따라 언어의 사용능력과 표현 방법의 (음성, 악센트, 단어. 문장구성) 많은 부분 정해지는 것을 볼 수 있다.

　우리는 소통하기 위해 불통을 이해하고 부정적 발화와 해석으로 이루어진 오류와 왜곡을 선택한 자기중심적 언어의 원인을 찾아서 소통의 반대 행위를 멈추는 적극적 처방이 필요하다.

그래도 참으로 다행인 것은 공감어의 정의는 개개인의 추구하는 소통 언어의 방향이 있기에 개인의 주관적 해석으로 어쩌면 찾는 것이 너무도 쉬운 일이기도 하지 않을까 하는 생각도 해 본다. '안녕하세요?'는 적극적으로 자신의 정서에 관심을 가지고 공감어에 대한 논의와 적극적인 대안과 해결 방향을 위해 정서적 질문을 제시해 본다.

*나는 상대가 충분히 말할 수 있도록 배려를 하며 경청하는가?*

*나는 대화 할 때 공감을 위해 상대의 눈동자를 바라보는가?*

*나는 소통을 위해 상대를 위한 배려의 감정 단어를 얼마나 사용하는가?*

*나 자신의 감정을 알고 진실하게 전하고 있는가?*

언어는 정서이다. 정서적 지지나 유대가 떨어지는 준비 안 된 부정적 소통은 거친 언어와 열등감을 자극하여 자존감 낮은 비속어(卑俗語)와 부정적 은어(隱語)와 거친 소리를 동반하며, 자신도 이해하지 못하는 방어기제 속 언어를 사용하여 자신의 진심을 왜곡시켜 소통을 힘들고 어렵게 한다. 자신이 쓰는 언어의 진실을 알지 못하기도 하고 자신의 진심과 감정을 전하지도 못해 억울한 감정을 저장시켜 부정적 정서를 만들어 인간관계에 어려움을 격게 된다. 하지만 언어의 진실을 알게 되면 정서는 긍정적으로 안정화되고 자신과의 소통이 원활하여 안정적 정서에서 나오는 언어는 거칠거나 이기적이지 않다. 그러하기에 긍정적 정서는 인격을 가진 안정적 감성에서 만들어진 언어로 배려와 소통으로 화합하고 협력하는 인격적 관계로 발전을 위해 걸림돌 언어를 찾아내어 공감어로 바꾸어 본다.

## 1. 명령, 강요

공포감이나 심한 저항을 유발시킬 수 있다.
저지당하는 것을 시도해 보도록 만든다.
반항적인 행동, 말대꾸를 증가 시킨다.

*"너는 반드시" "너는 꼭 … 해야 할 것이다."*


## 2. 경고, 위협

공포감, 복종을 유발시킬 수 있다.
위협받는 결과를 시험하게 만든다.
원망, 분노, 반항을 유발시킬 수 있다.

*"만약 … 하지 않으면, 그때는 …"*
*"… 하는게 좋을 걸, 그렇지 않으면 …"*


## 3. 훈계, 설교

의무감이나 죄책감을 일으킨다.
자녀로 하여금 자기 입장을 고집하고 방어하게 만들 수 있다.
자녀의 책임감을 믿지 못하다는 것을 전달한다.

*"너는 … 해야만 한다."*
*"… 하는 것이 너의 책임이야."*

### 4. 충고, 해결방법 제시

자녀가 자신의 문제를 해결할 수 없다는 것을 암시할 수 있다.

자녀가 문제를 충분히 생각하고, 대안이 되는 해결책을 찾아 실생활에 적용해보고자 하는 노력을 방해한다.

의존성이나 저항을 유발시킬 수 있다.

"내가 말하고자 하는 것은…"
"…하는게 어떻겠니?"
"내가 네게 충고하자면…"


### 5. 논리적인 설득, 논쟁

방어적인 자세와 반론을 유발시킨다.

자녀로 하여금 부모의 말을 듣지 않도록 만든다.

자녀로 하여금 열등감, 무력감을 느끼게 만든다.

"네가 왜 틀렸냐 하면"
"문제가 되는 것은"
"그래, 그렇지만…"

## 6. 비판, 비평, 비난

무능력하고 어리석고 형편없이 판단하는 것을 암시한다.

부정적인 판단이나 호통치는 것에 대한 공포를 넘어서 대화를 단절시킨다.

자녀가 비판을 사실로 받아 들이거나("나는 바빠.") 말 대꾸를 한다.("아빠는 뭐 그리 잘 났어요!")

*"너는 신중하게 생각하지 않아,..."*
*"너는 게을러서,..."*


## 7. 칭찬, 찬성

자녀가 명령에 따르는 지를 부모가 감시할 뿐 아니라 매우 기대하고 있다는 것을 암시한다.

선심쓰는 것처럼 보이거나 바라는 행동을 조장하는 교묘한 노력으로 보일 수 있다.

자녀가 자신이 부모의 칭찬과 일치하지 않는다고 여길 때 불안이 생길 수 있다.

*"야, 너 참 잘했다"*
*"네가 맞아! 그 선생님이 두렵게 생각된다."*

## 8. 욕설, 조롱

자녀로 하여금 자신을 가치 없고 사랑 받지 못한다고 느끼게 할 수 있다. 자녀의 자아상에 파괴적인 영향을 끼칠 수 있다.

종종 말대꾸를 유발시킨다.

*"이 울보야." "그래, 너 잘났구나"*


## 9. 분석, 진단

위협과 좌절을 줄 수 있다.

자녀가 궁지에 몰리고, 노출되거나 분신당했다고 느낄 수 있다.

자녀가 왜곡되고 노출되는 것을 두려워 하며 대화를 멈춘다.

*"무엇이 잘못 되었느냐 하면…" "너는 단지 피곤한 거야"*
*"네가 정말로 말하려는 것은 그게 아니야."*


## 10. 동정, 위로

자녀로 하여금 이해받지 못한다고 느끼게 한다.

강한 적개심을 유발시킨다.("말이야 쉽지!")

자녀는 종종 부모의 말을 "네가 안 좋게 느끼는 것은 옳지 않아." 로 받아들인다.

*"걱정하지 말아라." "앞으로 나아질 거야." "기운을 내!"*

## 11. 캐묻기와 심문

질문에 답하면 종종 비판이나 해결책이 따르므로, 자녀는 대답하지 않거나 피하거나 대충 말하거나 거짓말을 하게 된다.

질문을 하면 자녀는 부모가 무슨 의도로 말하는지 혼란에 빠져 불안해 하거나 두려워 할 수 있다.

부모가 퍼붓는 질문에 대답하는 동안 자녀가 자기문제의 방향을 잃을 수 있다.

"왜…" "누가…" "무엇을…" "어떻게…"


## 12. 화제 바꾸기, 빈정거림, 후퇴

삶의 어려운 문제를 대처하기 보다 회피해야한다는 것을 암시한다.

자녀의 문제가 중요치 않고, 사소하거나 쓸모없다는 것을 나타낼 수 있다.

자녀가 어려움을 겪고 있을 때 마음을 열지 않는다.

"즐거운 일이나 이야기 하자…"
"세상일 다 해결해 보시지!" 침묵한 채 외면한다.

---

김인자 옮김〈P.E.T 효과적인부모 역할 훈련 생활심리시리즈 1-2〉한국심리상담연구소 1989. P22-23인용

오늘은 나의 마음의 언어를 찾아 사용하여 봅니다.

〈행복한 마음의 언어〉

사랑하다

기쁘다                                                    좋아하다

　　　　자랑스럽다　　　　그립다

　　흥분하다　　　　　　　　보고싶다

　　　우쭐하다　　들뜨다

통쾌하다　　　　　　　　따뜻하다

　　　　행복하다

　　신난다　　　　시원하다　　　설레다

든든하다　　즐겁다

　　　　개운하다　　편안하다

　　상쾌하다　　　　　　　　　훈훈하다

　　　　풍요롭다　　안심이되다

활기차다　　　　산뜻하다

　　　　신바람난다　　　　　상큼하다

가슴벅차다　　　　낙천적이다

　　　　희망적이다　　　　짜릿하다

감동적이다　　　　　　찡하다

　　　뿌듯하다　　살갑다

　　쾌적하다　　　　　　　포근하다

　　　　통쾌하다

감사하다　　　쾌활하다
감격하다　　　　　　　　황홀하다
　　　　　안심이다　　　　태평하다
후련하다　　　　　　포근하다
　　　흡족하다　　　　　후련하다
싱그럽다　　　여유롭다
　　　　환하다　　　　　　감미롭다
뭉클하다　　　　　반갑다
　　　뿌듯(흡족)하다　　촉촉하다
고맙다　　　　　산뜻하다
　　통쾌하다　　멋지다
　자랑스럽다　　　　달콤하다
　　　　　　　　　　만족스럽다
　　　　후련하다
통쾌하다　　　　기대되다
　　　　반갑다　　두근거리다
　아늑하다　　흐뭇하다
　　　평온하다　　　　평화롭다
활기차다　　　명랑하다

〈큰 불편한 마음과 작은 불편한 마음의 언어〉

| | | | |
|---|---|---|---|
| 우울하다 | 암담하다 | 경멸하다 | 원망스럽다 |
| 슬프다 | 괴롭다/침통하다 | 미워하다 | 야속하다 |
| 불행하다 | 쓰라리다 | 증오하다 | 비통스럽다 |
| 공허하다 | 미어지다 | 시기하다 | 안쓰럽다 |
| 허무하다 | 착잡하다 | 괘씸하다 | 절망스럽다 |
| 쓸쓸하다 | 고독하다 | 실증나다 | 먹먹하다 |
| 어둡다 | 애처롭다 | 싸늘하다 | 목이 메다 |
| 캄캄하다 | 절망하다 | 냉정하다 | 근심스럽다 |
| 실망스럽다 | 냉랭하다 | 신경질나다 | 가슴아프다 |
| 서글프다 | 서럽다/애석하다 | 서운하다 | 탄식하다 |
| 외롭다 | 쓸쓸하다 | 섭섭하다 | 한탄하다 |
| 적막하다 | 억울하다 | 분하다 | 고통스럽다 |
| 울적하다 | 통탄하다 | 아깝다 | 괴롭다 |
| 허전하다 | 측은하다 | 원망스럽다 | 고민하다 |
| 삭막하다 | 처량하다 | 노하다 | 아프다 |
| 메마르다 | 쓰라리다 | 격분하다 | 충격적이다 |
| 서럽다 | 화나다 | 얕보다 | 안달하다 |
| 울고 싶다 | 분노하다 | 분개하다 | 속상하다 |
| 심란하다 | 불쾌하다 | 자포자기하다 | 힘들다 |
| 불쌍하다 | 짜증나다 | 흥분하다 | 쓰라리다 |
| 한스럽다 | 지겹다 | 절망적이다 | 비참하다 |
| 비참하다 | 답답하다 | 노엽다 | |
| 안타깝다 | 무시하다 | 분통터지다 | |

| | | | |
|---|---|---|---|
| 뒤틀리다 | 주저하다 | 신비하다 | 비아냥거리다 |
| 꼬이다 | 소심하다 | 신기하다 | 토라지다 |
| 피곤하다 | 섬뜩하다 | 이상하다 | 부담스럽다 |
| 고달프다 | 압박감이 들다 | 어지럽다 | 켕기다 |
| 당당하다 | 불안정하다 | 멍하다 | 파렴치하다 |
| 혼란스럽다 | 조바심나다 | 나른하다 | 피곤하다 |
| 조바심나다 | 절절매다 | 귀찮다 | 허무하다 |
| 허탈하다 | 꺼림칙하다 | 궁금하다 | 애절하다 |
| 야속하다 | 끔찍하다 | 느슨하다 | 가슴아리다 |
| 불안하다 | 충격적이다 | 뉘우치다 | 허탈하다 |
| 무섭다 | 겁나다 | 아쉽다 | 가슴아리다 |
| 놀라다 | 허전하다 | 짜릿하다 | 애절하다 |
| 떨리다 | 섬뜩하다 | 지루하다 | 공허하다 |
| 징그럽다 | 무시무시하다 | 따분하다 | 포근스럽다 |
| 긴장되다 | 경멸스럽다 | 심심하다 | 후회스럽다 |
| 당황스럽다 | 무기력하다 | 아득하다 | 뼈아프다 |
| 두렵다 | 공허하다 | 뻔뻔통하다 | 모욕감이 느껴지다 |
| 소름끼치다 | 창피하다 | 수줍다 | 저주스럽다 |
| 조마조마하다 | 억지스럽다 | 능청스럽다 | 안타깝다 |
| 걱정스럽다 | 어이없다 | 당당하다 | 지치다 |
| 초조하다 | 부담스럽다 | 딱하다 | 아프다 |
| 염려스럽다 | 부끄럽다 | 떳떳하다 | 감질나다 |
| 소스라치다 | 무안하다 | 미안하다 | 숨막히다 |
| 겁먹다 | 샘나다 | 무시하다 | 억울하다 |
| 주눅이 들다 | 약오르다 | 매정하다 | 언짢다 |
| 무시무시하다 | 부럽다 | 부담스럽다 | 간절하다 |

오늘 내가 사용할 마음의 언어를 선택해서 외우고 사용한 후 나의 마음을 적어봅니다.

---

---

---

나의 마음의 언어를 알지 못해서 나오는 '척'은 자존감을 갉아먹기에 해결 방향을 모색해봅니다.

1. 아는 '척'

　해결방향

---

---

2. (　　　　　)

　해결방향

---

---

3. 모르는 '척'

　해결방향

---

---

나의 상처받은 언어의 뿌리는 어디에서 시작했는지 찾아봅니다.

어린시절에 기억 나는 대화 내용 자세히 적어봅니다.

나는 어떤 걸림돌 언어를 사용하고 있었나요?

1.

2.

3.

4.

5.

6.

찾아낸 방어기제가 만든 걸림돌 언어를 바꾸어 적어봅니다.

나의 방어 언어

------------------------------

------------------------------

------------------------------

걸림돌 언어

------------------------------

------------------------------

------------------------------

상대에게 전달하고 싶은 나의 진심언어

------------------------------

------------------------------

------------------------------

상대가 듣고 나의 진심을 이해 할 수 있는 공감어를 적어 봅니다.

나의 진심을 전하고 상대에 입장에서 이해할 수 있는 문장으로 바꾸어 봅니다.

# 나는 왜 말을 할까?

3

바람을 보낸다

작품
찾으면 떠난다.

## 작품 활용법

### 1. 작품을 통한 자아성장과 정서전환

- 인간에 대한 이해와 사랑을 바탕으로 작품을 해석하기.
- 작품 속 시대적 배경이나 환경 등장인물의 간접경험을 빌어 공감적 정서로 이야기 만들기
- 비유를 통한 무의식의 억압을 푸는 내면화 단어 찾기
- 억압된 내면 정서를 정감있는 문장으로 정리하기
- 정화되지 못해 순화되지 않은 방어기제를 비유로 풀기
- 자존감 향상을 위해 순화된 정서 지지 문장으로 바꾸기
- 작품을 통해 성장한 자아를 찾아 자기의 언어로 말하기기
- 인간의 정체성을 찾고 정리를 위해 작품 선정하기

## 2. 낭송과 낭독으로 훈련된 소통

- 자기감정을 언어로 조절하기. (감정단어 사용하기)
- 자신의 내면과의 소통을 부분은( 낭송 중 눈물을 보이거나 목소리가 떨리고 격양되는 등) 내면의 감정과 소리의 변화 확인하고 소리 조절하기.
- 언어 속 은유는 내면의 고통에서 나오는 공격적 표현을 순화시키는 감성적 문장 찾아 정리하기.
- 억압된 부정적 자아를 은유와 비유 상징 따뜻한 배려와 공감 정서 단어로 전환하기.
- 정서를 대변하는 소통 방법으로 성장시키고 감성적 공감과 배려를 위해 긍정어 저장하기.
- 맑고 투명한 심안(心眼)으로 지혜를 갖는 현명한 소통을 위해 진심으로 바라보기.

# Secret key

승화

신의 선물!!!

문학은 인간의 삶에 노래이며 흔적이고 역사이다. 데모스테네스 '은유의 사용을 위한 적절한 기회는 감정이 급류처럼 분출하여 수많은 은유들을 저항할 수 없이 휩쓸어갈 때요'라고 〈연설〉에 적고 있다

많은 사람들은 습관화(習慣化)된 언어를 사용하면서도 자신의 의지나 의미를 가진 언어라는 왜곡된 사고에 정지되어 있다. 자신의 언어 영역을 꼭 살펴보고 확인해야 하는 이유이다.

정상적인 정서적 지지와 소통은 경청을 말하며 말하기는 상대의 상황을 배려한 상태의 정제된 언어이기에 작업을 통해 감성을 깨워 표현하고 전환하는 연습과 내면의 따스한 정서를 깨우는 훈련이 필요하다. 이런 정리된 상태가 아니라면 침묵하며 들어주는 것이 최고의 정서적 지지와 배려인 소통일 수도 있다.

# 시의 길

조창용

어찌갈까?
시리고 시린 얼음같은 길을
실오라기 하나 없이 벗어야 한다
가슴에 숨겨둔 거
모두 끄집어 내어 태워야 한다
내 몸애 더덕더덕 붙어있는 삶의 찌꺼기들
미련없이 탈탈 털어
저 넓은 바다 흘러 보내고
육신도 영혼도 발가벗어 순박한 빈 마음으로
훨훨 날아, 산도 넘고 물도 건너 가야한다.

가슴 속 끝자락에 숨겨둔
작은 욕심까지도 까발려 털어버리고
봄 개울에도 떠가는 꽃잎같은 영혼으로
아침 햇살 영롱한 이슬같은 마음으로
평온하고 순백한 그 나라
푸른 산 맑은 물 따뜻한 가슴 묻어나는
깨끗한 시의 나라로 가야한다.

현) 부산장애인총연합회 회장, 한국문인협회 이사, 전)부산시인협회 이사장시 낭송 후 느낌을 정리해 봅니다.

빈칸을 채우고 낭송해 봅니다

# (                    )의 길

어찌갈까?
시리고 시린 얼음같은 길을
실오라기 하나 없이 벗어야 한다
가슴에 숨겨둔 거
모두 끄집어 내어 태워야 한다
내 몸에 더덕더덕 붙어있는 삶의 찌꺼기들
미련없이 탈탈 털어
저 넓은 바다 흘러 보내고
육신도 영혼도 발가벗어 순박한 빈 마음으로
훨훨 날아, 산도 넘고 물도 건너 가야한다.

가슴 속 끝자락에 숨겨둔
작은 욕심까지도 까발려 털어버리고
봄 개울에도 떠가는 꽃잎같은 영혼으로
아침 햇살 영롱한 이슬같은 마음으로
평온하고 순백한 그 나라
푸른 산 맑은 물 따뜻한 가슴 묻어나는
깨끗한 (            )의 나라로 가야한다.

낭송 후 느낌을 적어봅니다.

# 숲길에서

## 조창용

여윈 나무가 슬픔에 젖어 울고 있다

울고 선 나무들 사이로 난

숲길을 무심히 걷다보니

나무의 울음소리가

겨울바다 파도 소리보다 더 슬픈 울음으로

내 뒤를 따라오고 있다

세상에 태어나 한평생

내 몸의 무게에 억눌려

늘 쓸쓸하게 살다가 낙엽이 쓰러져 있는 숲길에서

내 안의 긴세월을 들여다보고

나도 나무와 같이 울었다.

시 감상 후 시인의 마음을 생각하며 정리해 봅니다.

# 아내

## 조 창 용

삶의 무게 가슴에 안고

조심조심 걸어가는 하얀 당신

때때로 흔들리는 나의 마음

다독이고 보듬어 갈무리하는

아름다운 당신

내 세상살이 핏빛 생채기를

햇살 같은 입김으로

새순 돋아내는 고마운 당신

세월의 아픔을 마시며

속울음으로 삭이고

그렇게 삭이다가

오늘도 지친 밤, 잠든 당신의

고운 숨결에

나는 살구꽃 사랑으로 사뿐히 입맞춘다.

자신에게 가장 가까운 사람에게 다정하고 따뜻한 언어를 적어봅니다.

그 사람에게 듣고 싶은 말을 적어봅니다.

그 사람에게 하고 싶은 말을 적어봅니다.

# 끈

조창용

나는 아내의 끈이네
때로는 매듭이 묶여 아내가
힘들게 풀어야하는 아내의 아픈 끈이네
그래도 그리움 칭칭 감는 끈이네
때로는 끊어질 것 같이 팽팽하여
아내의 마음을 졸라매는 밧줄이다가
언제는 늘어져 축 쳐져서 흐느끼는 끈이네
때로는 아내의 심장을 때리는 채찍이다가
절망과 희망이 매여지기도 하고
희망과 절망이 풀려난기도 하네
나는 언제나 아내의 팽팽한 끈이네
당기며 늘어나고 놓으면 오므라드는
질기고 질긴 끈이네
오늘도 시름없는 매듭에
아내의 눈물이 맺혀지네

작가와의 만남을 통해 낭송 속 정서와 작가와 만남을 통해 느끼는 정서의 차이점을 정리해 봅니다.

나는 가족관계에서 정서적 위치는 어디인지 생각해 봅니다.

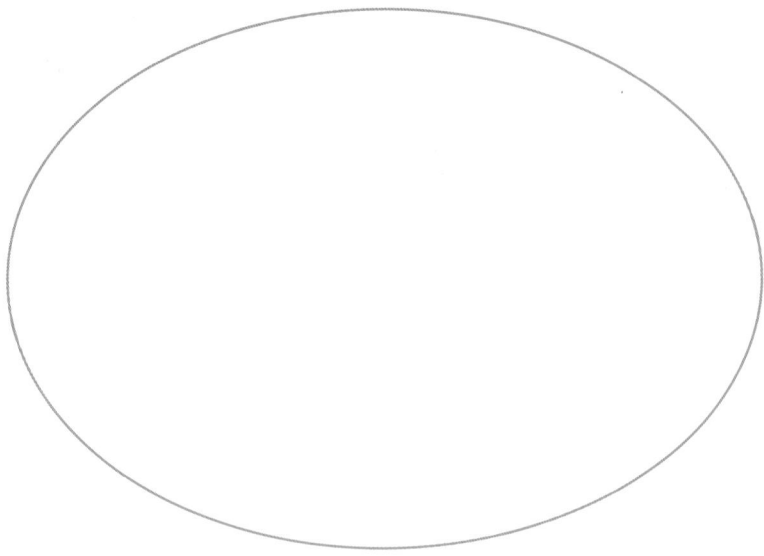

나의 역할을 정리해봅니다.

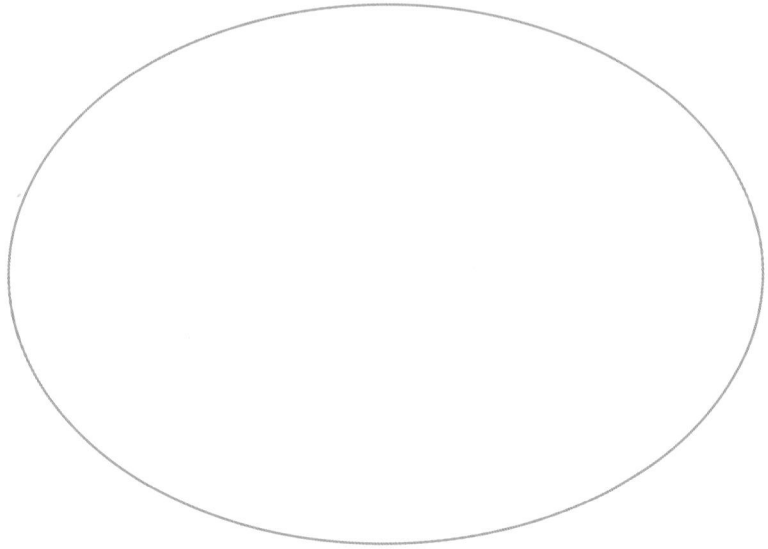

인간애가 주제인 시를 찾아서 써봅니다.

마음에 남는 문장과 단어를 적어봅니다.

마음에 남는 이유를 적어 봅니다

온기가 느껴지는 시어를 찾아 적어봅니다.

# 나는 촛불이 되고 싶지 않다

정영자

자신을 태워
펄럭이며 밝히는
나는 촛불이 되고 싶지 않다.

산은 꼼짝도 안하고
하늘은
불타지 않는데
왜 나만 몸을 태워 세상을 밝히나

나는 촛불이고 싶지 않다.
어두운 밤에 별빛이면 어떻고
그믐날 골방에 앉아서
철학을 철학하면 어떻나

차갑고 투명한 물 속에 빠진 너.
불 속에서 천년만년을 타거라

물이 불을 낳는
아~ 아~촛불이 탄다.

나는 촛불이 되고 싶지 않다.
물 속에 불을 뿜는
너를 닮지 않겠다.

나는 내 속에서 타고 있을 뿐

현)한국문인협회 고문, 전국 꽃축제 운영장, 전) 문인협회 회장. 63권 편찬

시 속 단어를 중심으로 감상문을 써 봅니다.

# 나는 (        )이 되고 싶지 않다

자신을 태워
펄럭이며 밝히는
나는 (        )이 되고 싶지 않다.

산은 꼼짝도 안하고
하늘은
불타지 않는데
왜 나만 몸을 태워 세상을 밝히나

나는 (        )이고 싶지 않다.
어두운 밤에 별빛이면 어떻고
그믐날 골방에 앉아서
철학을 철학하면 어떻나

차갑고 투명한 물 속에 빠진 너.
불 속에서 천년만년을 타거라

물이 불을 낳는
아~ 아~촛불이 탄다.

나는 (        )이 되고 싶지 않다.
물 속에 불을 뿜는
너를 닮지 않겠다.

나는 내 속에서 타고 있을 뿐

단어를 통한 내면화된 자아를 살펴봅니다.

바꾼 단어를 정리합니다.

단어를 보고 나의 내면 언어에 집중해 봅니다

# 나는 촛불이 되고 싶다

자신을 태워
펄럭이며 밝히는
나는 촛불이 되고 싶다.

산은 꼼짝도 안해도
하늘은
불타지 않아도
나는 몸을 태워 세상을 밝힌다

나는 촛불이고 싶다.
어두운 밤에 별빛이면 어떻고
그믐날 골방에 앉아서
철학을 철학하면 어떻나

차갑고 투명한 물 속에 빠진너.
불 속에서 천년 만년을 타거라

물이 불을 낳는
아~ 아~촛불이 탄다.

나는 촛불이 되고 싶다.
물 속에 불을 뿜는
너를 닮겠다.

나는 내 속에서 타고 있을 뿐

시 감상 후 생각을 적어 봅니다. (문장 중심)

내가 살고 싶은 삶의 계획을 적어 봅니다.

원하는 삶이 아니라면 해결 방향에 대한 계획을 세워봅니다.

# 사랑

초 이

또,

속았지롱?

사랑의 자의적 해석을 통한 나의 모습을 정리해 봅니다.

긍정적 평가

부정적 평가

전환이 필요하다면 무엇을 어떤 방향으로 바꾸고 싶은지 정리합니다.

## 에로스 Eros

나는 어떤 사랑의 정의를 가지고 있는지 정리해봅니다.

사전적 정의 찾아서 적어봅니다

나의 실제 경험을 통한 자의적 해석을 바탕으로 한 주관적 정의를 적어봅니다.

# 아가페 Agape

사전적 정의 찾아서 적어봅니다.

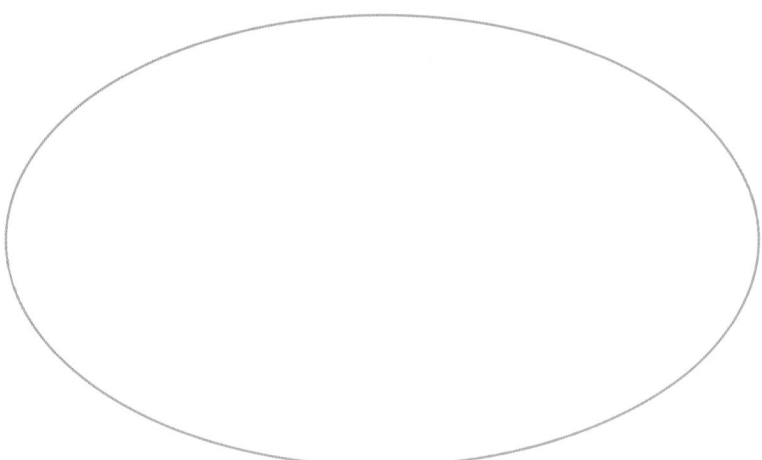

나의 실제 경험을 통한 자의적 해석을 바탕으로 한 주관적 정의를 적어봅니다.

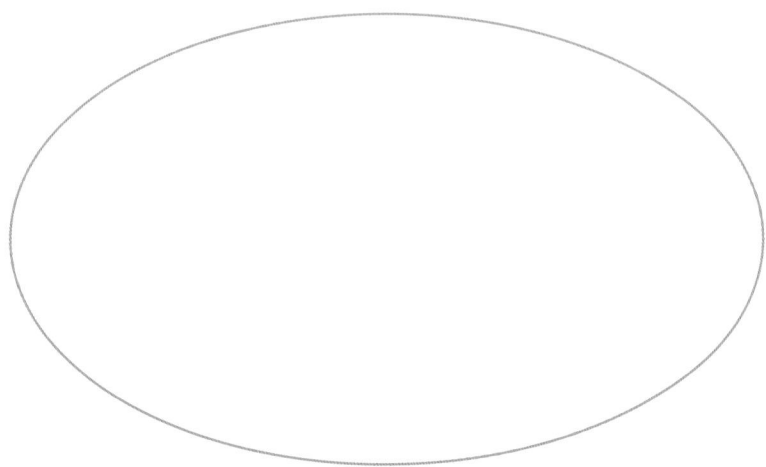

## 인류애 人類愛

사전적 정의 찾아서 적어봅니다.

나의 실제 경험을 통한 자의적 해석을 바탕으로 한 주관적 정의를 적어봅니다.

# 눈물의 의미

김미순

나는 요즈음
잘 울고 다닙니다
조용한 시내버스 안에서
복잡한 시장골목에서
등나무 아래에 앉아 하늘을 보며
가을을 넘겨보는 해바라기 키를 재며
울고 또 웁니다

조금은 여유로운 쇼핑을 즐기고
막 나선 대형 백화점 앞
수재민 돕기 자선 콘서트가 열리는
그 간이무대 가득
신나는 음악에 흔들리는 뜨거운 살 내음에
그만 또 울컥 울고 맙니다

산다는 것은 이렇게 부산하게 움직이는 것임을
살아 움직이는 생명체 모두가
그토록 아름답고 소중해 보입니다
뚝뚝뚝 떨어지는 눈물이 민망스러워

빨리 올려다 본 하늘엔

못 다한 글썽글썽한 동생의 숨 빛을 안은
빨간 노을만이
그리움처럼 타고 있습니다

현) (사)부산시인협회 이사장, 국제PEN한국본부 이사, 시집 〈바람, 침묵의 감각〉 등 11권

# 누구입니까

김미순

여전히 아침이 오고 햇빛이 쏟아집니다

한 줄기 빛이 관 위로 떨어지고 있습니다
어떤 사람은 관을 내려놓고 있습니다
어떤 사람은 관의 귀퉁이를 잡고 울고 있습니다
어떤 사람은 불을 지피고 몸을 태우고 있습니다

몸이 타고 있는 사람은 누구입니까
그 몸을 태우고 있는 사람은 누구입니까
그 앞에서 울고 있는 사람은 누구입니까
한 줌의 재를 만들어 줄 사람
그 재를 받아 들 그 사람은 또 누구입니까

세월의 넓이로 팔랑이는 나뭇잎 밑에서
뜨거움을 밀어내고 있는
한 무더기의 사람들은 또 누구입니까
사람, 사람들의 못다한 일들을 쏟아놓듯
팔월의 햇빛만이 뜨겁게 뜨겁게 쏟아질 뿐입니다

내일 아침에도
어김없이 해가 떠오름을 그냥 믿듯이
같은 공간, 같은 시각의 모두는
자기 몫의 일을 그냥 하고 있을 뿐입니다.

## 까만 돛배

김미순

이 여름, 노을을 꼬리에 달고
바람에 떠 있는 까만 돛배가 있습니다

가라 앉을 듯 내려다보이는
소나무 숲을 지나
구슬 부서지듯 찰랑거리는 바다가
발아래 펼쳐져 있습니다

돛에 걸린 슬픔의 숲
풍향 없이 눈물을 글썽이며
오른쪽으로 돌아봅니다

닿을 듯 닿지 않는 바다 물을 그리워하듯
한 줌의 재로 사라진 생명체 하나를 생각합니다
초록의 무게로 살아있음을 뚝뚝 떨구며
자리 옮겨 앉는 살 오른 까치가 부럽습니다
창 밖의 잘 손질된 벤자민조차 애절하게 부럽습니다

같은 피를 나눠가진 그 진한 인연
없어진 그 핏줄을 찾아 도는 나의 풍향은
오래오래 아파야만 할 그리움, 아니면
생살 찢기듯 아픈 꿈 일테니까요.

인간의 한시적인 삶에 대해 생각을 정리해 봅니다.

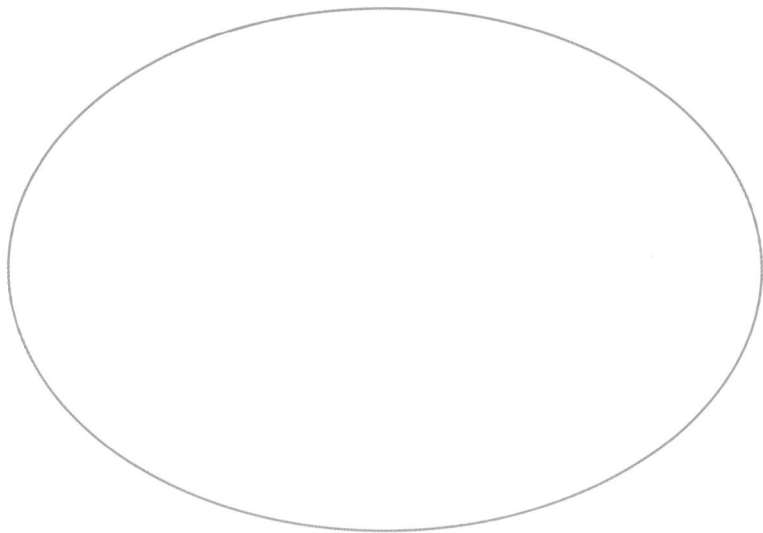

사랑하는 사람이나 가까운 사람들과의 이별을 기억을 적어봅니다.

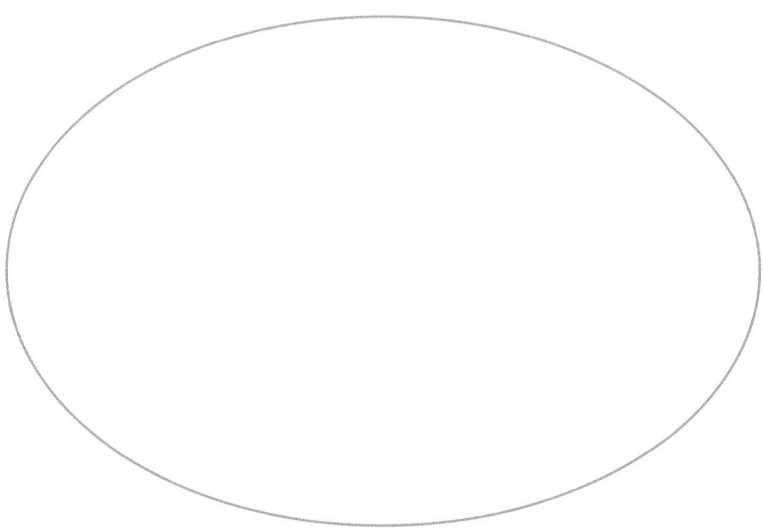

인간의 유한 삶 속에 슬픔에 대한 자의적 해석을 정리해 봅니다.

용서라는 단어에 나는 어떤 감정을 느끼는지 정리합니다.

내가 남기고 싶은 일들을 정리해 봅니다.

작품 속 정서와 작가와 만남을 통해 느끼는 정서의 차이점을 정리해 봅니다.

나를 위한 자기 고백서

자기 고백을 통한 자기 성장을 정리해 봅니다.

| 정리하며 |

  '나는안녕한가?' 속 작품을 통해 '나는 어디에 머물고 있으며 어떤 해석으로 지금의 삶을 영위하는가?'라는 마지막 질문으로 만족한 삶이라면 진행하고 원하지 않은 삶이라면 문학을 통한 환기(喚起)을 제안한다.
  문학은 인간 삶의 고백이 작품화되기에 그 시대의 사회적 정서와 언어의 역사가 그대로 반영되어 순화되고 정제(精製)되어 담고 있다고 볼 수 있다. 그 정서가 다양한 장르의 작품을 통해 인간의 발달과정과 성장을 간접 경험하게 하고 자신의 삶을 직면하며 삶의 방향을 확인하며 전환을 돕기도 한다. 작품을 통해 정제된 정서언어는 정서적 지지와 교감이 되기도 하고, 특히 비유법을 사용하는 시어는 부정적이고 무거운 언어의 교정과 교화를 통한 인간 감정과 감성 이해의 지침서이다. 문학은 활자화된 인간의 정서적 언어이며 그 사회의 정제되어 정화된 사회성이라 볼 수 있다. 사회와 개인 정서의 교정도 문학 안에 있고, 언어의 사용능력과 교화로 작품으로 승화되어 언어로 전환이 가능하다. 사회적 관계는 언어를 통한 소통의 확장으로 완벽하지 않은 인간관계의 이해를 통해 진심을 표현하는 언어로 관계회복을 하고 모두의 목표인 행복에 도달한다.
  문학의 옷을 입은 문장 속 정서는 자기 성찰을 통해 자신의 고유한 영역의 본질에 가까워지며 승화된 언어는 자신과 타인의 소통의 통로이기도 하다. 작품은 개인과 사회가 갖는 트라우마를 작게 만드는 지름길이기도 하고 작품의 이해는 자신 내면의 정서를 자각하고 인지하여 통찰을 통한 정서적 성장이기도 하다.

  인간은 각자의 해석으로 만들어진 이해 회로를 통해 새로운 환경과 다양한 삶을 받아들이고, 사건과 상황에 주관적으로 대응하면 자의적 해석을 한다. 그 해석을 통해 다양한 삶은 억압과 통제를 받기 때문에 경험과 이해 교육과 소통언어에 대한 성찰이 필요하다. 정서적 지지의 출발인 습득된 언어는 자신 내면의 성찰과 정서적 지지와 소통을 통해 인간관계의 성장으로 연결되어 배려와 공감에 도달하는 하나의 중요한 사회성으로 진행된다. 사회적 관계에서 정서적 성장을 막는 트라우마가 무의식 속에 자신이 노출된 언어적 환경에서 출발 된다는 것을 여러 사례를 통해 알 수 있다. 정서적 장애에 노출될 때 기술(記述)되는 언어를 상기(想起)해 보면 알 수 있다. 긍정어로 하는 교감은 공감과 친밀감을 통한 정서로 바람직한 사회화와 통합지능의 향상을 통한 사회성 향상에 두기 때문이다. 이 과정은 피할 수 없는 인간의 삶의 여정이기도 하다.

  정서 성장을 통한 긍정어 소통은 자원과 원동력으로 사용하지만, 정서적 경직으로 만들어지는 부정어는 좌절과 원망으로 불행의 씨앗인 부정적 감정을 만들어 자신도 가두고 주위도 황폐하게 만들기도 한다. 그 이유를 살펴보면 노출된 언어의 환경과 경험을 통해 자의적 해석이 부정어이냐 긍정어이냐에 따라서 현재 자신의 행동 패턴의 방향이 정해지기 때문이다. 그래서 현재를 받아 들이고 에너지를 쓰는 방향이 자기의 언어적 성찰을 동반하도록 하는 것이 치료의 방향이다. 작품을 통한 간접 경험은 자기 이해와 성찰과 통찰을 동반하기에 질적이고 다양한 언어적 소통의 변화를 볼 수 있다. 문학 속 문장과 문체를 통한 성찰된 언어는 인간관계를 승화시키고 성장시키는 가장 적합한 도구이자 매체로 사용할 수 있고 해야 한다.

　작품 속 다양한 시대와 문화 사회적 이해 속 정서를 통한 간접경험들은 인간 이해와 소통의 언어로 사용능력의 확장되어 자기 삶의 승화 할 수 있는 가장 안전한 도구이기도 하며 최고의 정서적 지지이기도 하다. 특히 비유를 통한 시어는 내면화된 나의 무의식의 억압을 푸는 유일한 방법 중 하나이고 가장 효과적이다. 정화되지 못하고 순화되지 않은 방어기제를 풀어 주는 비유를 통한 언어 사용은 자존감 향상에 도움이 되고 열등감 치유에 꼭 필요한 과정이다. 시어는 그 사람의 정서를 대변하는 소통 방법으로 성장시키고 감성적 공감과 배려를 내포하게 하여 성장한 자아를 통한 긍정어를 저장할 수 있다. 시를 통한 비유는 맑고 투명한 심안(心眼)과 지혜를 갖는 현명한 인간의 소통이기도 하다. 시어들은 세상을 이해하는 폭을 넓혀 주고 아름답고 정감 있는 정서와 자기 이해를 통한 승화된 언어와 영감을 내재화하여 행복한 셀프테라피 할 수 있다. 행복이 목적과 방향이 같다면 또 다른 경쟁과 비교를 하겠지만, 신의 축복으로 사람마다 주어진 삶의 목적이 다르고 소명이 다르 듯 행복의 정의도 다르다는 것이다. 인간의 삶은 양과 질도 다르고 환경과 마음과 정신과 육체의 조건의 내용도 같지 않다. 출생과 동시에 모두 다른 삶의 과정이 연결되어 죽음에 도착하고 숙명적으로 개별화된다. 이 과정 속 억압된 트라우마는 언어적 소통의 어려움을 만들어 자신과 주위를 불편하게 만들어 본인과 주변의 삶을 피폐하게 하게도 한다. 이 현상을 막기 위하여 문학을 통한 정의(正義)와 정의(定義)구분과 구별을 통해 Homo creative(창의적 인간)를 지향하며 '안녕하세요?'을 통해 안정적인 자신의 내면 언어를 찾아 소통하고 정서적 지지를 통해 상대를 배려하는 사회성 향상과 정서적 지지를 통한 인간관계를 해결과제로 삼았다.

　정서치료는 건강한 언어적 소통, 긍정적인 사회성 유지와 공감어로 정서적 지지를 돕고 자신의 이해와 성장을 통해 건강한 정서 발달로 인간성 회복과 사회성 향상에 두고 있다. 인간은 그 누구도 성장하지 못해 멈추고 있는 어린자아가 방어기제를 만들어 불통이 삶을 만들어 불행하게 살고 싶어 하지 않는다. 다만 어떤 어려움이 나에게 있고 그것을 어떻게 해결해야 하는지 알지 못해서 답답해하며 인간의 삶을 고뇌로 해석하고 있을 뿐이다. '나는 안녕한가?'를 통해 털고 일어나 용기 내어 다시 세상이 얼마나 아름답고 살만한 곳인지 바르게 바라보길 기원해 본다.

| 참고자료 |

· 아리스토텔레스, 천병희 옮김 〈시학〉 문예출판사 1976.

· 에리히프롬/황문수 역자 〈사랑의기술〉 문예출판사 1976.

· 바흐찐·볼로쉬노프/송기환 옮김 〈바흐찐이말하는 새로운프로이트〉 예문1989.

· 김인자 옮김 〈P.E.T효과적인 부모역할 훈련 생활심리시리즈 1-2〉
  한국심리상담연구소 1989.

· 송명자 〈발달심리학〉 학지사 1995.

· willian Glasser,M.D./박재황 〈경고:정신과 치료가 정신건강에 피해를 줄 수 있다〉 한국
  심리상담연구소 2004.

· 이무석, 유정수 옮김 〈안나프로이트의하버드 강좌〉 하나의학사 2005.

· 강영계 〈강영계교수의 프로이트정신분석학 이야기〉 해냄출판사 2007.

· 정옥분, 정순화, 임정화 〈정서발달과 정서지능〉 (주)학지사 2007.

· 박아청 〈에릭슨의 인간이해〉 교육과학사 2010.

· 지크문트 프로이트 저/변학수 편역 〈프로이트의 치료기법〉 세창출판사 2017.

· 안나프로이 지음/김건종 옮김 〈자아와 방어기제〉 열린책들 2021.

· Marjorie E.Weishaar/권석만 옮김 〈아론벡〉 학지사 2007.

· 요한하위장아/이종인 옮김 〈놀이하는 인간호모루덴서〉 연암서가 2010.

· Joseph Yankura&windy Dryden 공저/이동귀 옮김 〈앨버트엘리스〉 학지사 2011.

· 지크문트 프로이트 저/변학수 옮김이 〈문화 속의 불쾌〉 세창출판사 2019.

· 최연호 〈통찰지능〉 글항아리 2022.

# 예술활동증명 확인서

| 인적사항 | 발급번호 | 201904120005 |
|---|---|---|
| | 성명 | 정재순 |
| | 생년월일 | |
| | 주소지 | |
| 분야 | | 문학 |
| 예술활동증명 유효기간 | | 2020년 12월 03일 ~ 2025년 12월 02일 |

위 사람은 예술인복지법
제2조 및 예술인복지법 시행령 제2조에 의하여
예술활동증명을 완료하였음을 확인합니다

2020년 12월 04일
한국예술인복지재단

※ 예술활동증명은 예술인복지법 제2조에 정의된 '예술인' 정의에 부합되는 활동을 하였음을 증명하는 절차입니다.
※ "예술인"이란 예술 활동을 업(業)으로 하여 국가를 문화적, 사회적, 경제적, 정치적으로 풍요롭게 만드는 데 공헌하는 사람으로서 문화예술분야에서 대통령령으로 정하는 바에 따라 창작, 실연, 기술지원 등의 활동을 증명할 수 있는 사람을 말한다.(예술인 복지법 제2조)

보이지 않는 것들의 공격
문학을 통한 정서치료 Workbook

# 나는
# 안녕한걸까?

셀프테라피 시대에 셀프진료와 처방

인쇄일 | 2022년 10월 25일
발행일 | 2022년 10월 31일
지은이 | 정재순
펴낸이 | 최장락
펴낸곳 | 도서출판 두손컴 (출판등록 제329-1997-13호)
　　　　부산광역시 부산진구 부전로35, 301호 (부전동, 삼성빌딩)
　　　　T. 051-805-8002　　F. 051-805-8045
　　　　E-mail. doosoncomm@daum.net

ⓒ 정재순, 2022
값 18,000원

ISBN 979-11-91263-56-5　　03810

* 저자와 협의에 의해 인지를 생략합니다.
* 잘못 만들어진 책은 바꾸어 드립니다.